Jörg Müller Schon wieder ein Christ…

Jörg Müller

Schon wieder ein Christ...

Neue

gereimte Ungereimtheiten

Mit Illustrationen von

Klaus Georg Müller

J. F. Steinkopf

Die Deutsche Bibliothek – CIP-Einheitsaufnahme

Müller, Jörg:
Schon wieder ein Christ ...: neue gereimte Ungereimtheiten /
Jörg Müller. Mit. Ill. von Klaus Georg Müller. – Stuttgart;
Kiel: Steinkopf, 2000
ISBN 3-7984-0730-4

2. Auflage 2000

Einbandgestaltung und Illustrationen: Klaus Georg Müller
Reproduktionen: Heinz Schell und H & G Herstellung, Hamburg
Gesamtherstellung: Clausen & Bosse, Leck

Verwaltung

Ein Christ muß heute nicht als Hirt
dem Schaf nachlaufen, das nicht irrt.
Er hat die neunundneunzig andern
zu suchen, die im Dunkeln wandern.
Man kann sich nicht damit aufhalten,
das eine Schaf stets zu verwalten.

Entfremdung

Ein Christ entfernt von Jahr zu Jahr
sich mehr von Gott. Und ihm scheint klar,
daß Gott sich weit von ihm entfernt.
Das Glauben hat er längst verlernt,
der Kirchgang ist schon lange ex
und sein Gebet nur noch Reflex.
Jetzt tritt er aus, der gute Mann.
Als Grund gibt er die Steuer an.

Kritikliebe

Ein Christ liebt seine Kirche sehr;
drum sorgt er sich um sie viel mehr
als einer, der sie haßt.
Und wer verletzt ist, der befaßt
verletzend sich mit ihr.
Er will durch Kritisieren
sein' Selbstwert profilieren.
So zeigt sich wieder einmal mehr:
Nur Liebe macht Kritiken fair.

Verrat

Ein Christ erfährt den Hochverrat
des Jesus als moderne Tat.
Wie damals sind es nicht die Heiden,
die Jesu Botschaft tunlichst meiden;
es sind die Frommen, die kaum beten,
und die das Wort der Schrift zertreten.
Sie sind beleidigt, stur und mehren
im Trend der Zeit die falschen Lehren.
Das ist nichts Neues, wie Sie seh'n
bei Lukas dreiundzwanzig, zehn.*
Noch klarer steht das Wort bei: zwei
Timotheus vier Komma drei.**

* Lk 23,10: »Die führenden Priester und Gesetzeslehrer standen dabei und brachten ihre Beschuldigungen vor.«

** 2 Tim 4,3: »Denn es wird eine Zeit kommen, da werden sie die wahre Lehre unerträglich finden und sich Lehrer nach ihrem Geschmack aussuchen, die ihnen nach dem Mund reden.«

Unverbindlich

Ein Christ meint, die Verbindlichkeit
des Glaubens gehe ihm zu weit.
Ihm fehlt Pluralität im Ton
und was, mein Gott, ist Wahrheit schon?
Das Reden Jesu von der Hölle
sei sicher eine Bibelstelle,
die man symbolisch sehen muß.
Man muß das archetypisch lesen!
Daß Jesus Gottes Sohn gewesen
ist sowieso der größte Stuß.
Das alles kann Metapher sein,
die jeder für sich selbst allein
entziffern muß. Gott ist Symbol.
Und viele Hörer fühl'n sich wohl
und lassen sich von ihm betören:
»Die Red' ist weich: ich mag sie hören.« *

* Joh 6,60: »Die Rede ist hart, wer kann sie hören«
(Die Anhänger Jesu murrten über seine deutlichen, verbindlichen Worte.)

Kurzschluß

Ein Christ im Smoking und in Schal
aus Seide geht zum Hochzeitsmahl.
Dort trinkt und ißt er mit den Gästen,
wie das so üblich ist auf Festen.
Man redet erst, dann kritisiert man
lautstark die Kirche und verliert dann
die Sachlichkeit. Man ist sich gleich
ganz einig: Diese ist zu reich.
Sie soll doch ihre Prunkgewänder
verkaufen an die reichen Länder
und mit dem Geld sich aller Armen
auf dieser Welt endlich erbarmen.
»Jawohl, so ist es. Füllt die Gläser«
ruft einer blau im schwarzen Blazer.
»Ich schmeiß 'ne Runde. Hoch die Tassen!«
– Wer's fassen kann, der soll das fassen!

Unglaubwürdig

Ein Christ erregt sich, und er tadelt
den Reichtum seiner Kirche sehr,
was ihn in keiner Weise adelt;
ein Teil der Kirche ist auch er.
Im übrigen: An seiner Hand
sitzt ein Brillant.

Übertragung

Ein Christ der nur für zehn Prozent
der Menschen Sympathien kennt
und zwanzig haßt und dann den Rest
ganz unbekümmert liegen läßt,
der überträgt auf Gott genau
die gleichen Teile: heiß, kalt, lau.*

* d. h. er liebt Gott zu 10 %, haßt ihn zu 20 % und findet ihn zu 70 % gleichgültig.

Gebell

Ein Christ weiß sich als Gottes Schaf,
doch ist er einmal nicht so brav,
dann gibt er vielen einen Grund,
sich aufzuführ'n wie'n Schäferhund.

Unterscheidung

Ein Christ stellt mit Entsetzen fest,
daß seine Kirche nicht so ist,
wie sie hätt' sollen sein.

Da ist zuviel Bürokratie
und Funktionales, das auch sie
nicht abgrenzt vom Verein.

Man schaut zu wenig auf den Geist
des Herrn und auf das Wort, das heißt:
»Bei euch soll's anders sein!« *

* Matth 20,26 und Mk 10,43 und Lk 22,26

Umgekehrt

Ein Christ liest »Sturm auf See« im achten *
Kapitel, wo die Jünger wachten
und Jesus schlief ganz unbeschwert.
Das ist ja heute umgekehrt.

* Lk 8,22

Streitkultur

Ein Christ hält stets die Wange hin
im Glauben, dies in Jesu Sinn
zu tun als gold'ne Regel.

Er macht es ohne Unterschied,
und wenn er keine Chance sieht,
dann streicht er alle Segel.

So schluckt er Unrecht mehr und mehr.
Doch Jesus sagt auch: Streitet fair
und stellt euch diesem Flegel! *

* Lk 17,3: »Wenn euch jemand Unrecht tut, dann stellt ihn zur Rede. Tut es ihm leid, so verzeiht ihm.«

Tonsur

Ein Christ meint, alle jene Fragen
um Priesterfrauen sei'n vorbei,
sobald die Frau verpflichtet sei,
wie einstmals die Tonsur zu tragen.*

* Die Tonsur ist ein runder, ausrasierter Haarkranz auf dem Kopf. Seit dem Vatikanum II abgeschafft.

Ausgleich

Ein Christ will auf die Leistung bauen,
er traut der Gnade nicht. Oh Graus.
Und gleicht den Mangel an Vertrauen
durch ein Zuviel an Opfern aus.

Verletzung

Ein Christ, der andere entsetzt,
indem er sie gar tief verletzt,
ist selbst in seiner Seele wund.
Drum sei ihm diese Lehre kund:
Nur wer vergibt, ist auch versöhnt;
er trägt nicht nach und er verhöhnt
den Gegner nicht, weil er ihn schätzt;
denn auch der and're ist verletzt.

Erneuerung

Ein Christ erkennt durch das Gebet,
wie schlimm es um die Kirche steht,
und was sie braucht zur Steuerung
der geistlichen Erneuerung:
Nicht Stänkerer, langweilige.
Sie braucht entschieden Heilige!

Endzeit

Ein Christ weiß, daß am End' der Zeiten
die Christen sich nicht mehr verbreiten.
Auf Quantität kommt es nicht an.
Auch eine kleine Herde kann
als Salz der Erde viele retten;
'ne Handvoll Beter ist es. Wetten?

Reinigung

Ein Christ wird fromm und will sein Leben
in die Führung Gottes geben.
Statt erhabener Gefühle
treten plötzlich seine Kühle,
seine Schwächen, seine Plage
deutlicher als je zutage.
Und so denkt er irritiert.
Gott sei fern, und resigniert.
Kam es ihm denn nie zu Ohr,
daß Gott heiligt und zuvor
rauszieht allen schmutz'gen Eiter?
Also Christ, Kopf hoch, mach weiter!

Bluff

Ein Christ, der Kirche etwas fern,
behauptet immer wieder gern,
Gott sei der Kirche fern, so blöfft er:
Nicht immer, aber immer öfter.

Werkzeug

Ein Christ hat stets den Psychologen
und Ärzten Jesus vorgezogen.
Er meinte, es hieß Gott mißtrauen,
wollte er auf Ärzte bauen.
Beten reichte ganz allein,
um vom Leid befreit zu sein.
Doch er kennt die Bibel schlecht:
Gott sind auch die Ärzte recht.
Lies Vers dreizehn, soviel weiß ich,
im Buch Sirach achtunddreißig.*

* Sir 38,13: »Es kommt eine Stunde, in der Gott allein durch die Hand des Arztes heilt. Drum ehre auch ihn.«

Nachtragend

Ein Christ trägt tief verletzt die Schmach,
die man ihm antat, lange nach.
Er ist beleidigt, tief geschunden
und bittet Gott, ihm seine Wunden
zu heilen, wenigstens zum Teil.
Er böt dafür sein Leben feil.
Doch nichts geschieht; er ist empört.
Er hat wohl nie das Wort gehört:
»Versöhn dich erst, dann wirst du heil!« *

* Vgl. Sirach 28,3 und Matth 5,24

Altlast

Ein Christ, der nicht vergeben kann,
klagt seine Kirche ständig an.
So kramt er aus der Mottenkiste
die abgegriff'ne Sündenliste
von Kreuzzug und von Hexenwahn,
und was die Kirche sonst getan.
Wie wär's, wenn ihm die eig'nen alten
Sünden würden vorgehalten?

Gottesbilder

Ein Christ, vom Alter noch ein Kind,
geht abends heimlich und geschwind
in Mamas Speisekammer rein.
Dort locken Printen, zart und fein.
Er nimmt sich zwei aus Schokolade.
Da plötzlich kommt Mama gerade:
»Was tust du in der Speisekammer?
Gott straft die Diebe«, schimpft die Mama.
»Er sieht dich jetzt. Was er wohl sagt?«
Darauf das Kind: »Ich hab' gefragt,
ob er auch einverstanden sei.
Er sprach: ›Wir sind allein. Nimm zwei!‹«

Geduld

Ein Christ hört, daß sich viele Sünder
oft spät bekehren und Verkünder
der Liebe Gottes hier auf Erden
und später gar noch Heil'ge werden.
Das läßt, was ihn betrifft, sehr hoffen,
ist doch für ihn noch alles offen.
Jetzt, wo er Chancen sieht, auch heilig
zu werden, hat er's nicht mehr eilig.

Totschlag

Ein Christ lebt nicht allein vom Brot,
er braucht auch noch das Wort.
Doch manche schlagen einen tot
mit Worten. Das ist Mord.

Intoleranz

Ein Christ gebraucht zum Beten nur
bisweilen eine Perlenschnur.*
Das kennt der Moslem und Buddhist
in gleicher Weise, wie ihr wißt.
Doch wird der Christ sehr oft verhöhnt,
als wäre sein Gebet verpönt.
Die anderen erfahr'n Respekt.
Jetzt frag ich mich: Wer ist defekt?

* Der Rosenkranz, ein meditatives Gebet mit Glaubensbekenntnis,
53 Ave Maria und 6 Vater unser.
Anhand dieser 59 Perlen wird das Leben Jesu betrachtet.

Erleuchtung

Ein Christ, der sein' Ersparnis steckte
in eine Esoterik-Sekte,
um endlich hingeführt zu werden
zur Gotterkenntnis hier auf Erden,
erfährt Erleuchtung wie im Blitz
auf seinem Lotusblütensitz:
Die falschen Gurus und Propheten
sind doch nur scharf auf die Moneten.
Gott ist daheim in der Pfarrei
ganz leicht zu finden. Kostenfrei.

Eßstörungen

Ein Christ, verletzt in seiner Seele,
hat nicht nur eine trock'ne Kehle,
sein Magen ist auch gähnend leer,
es hungert ihn nach Liebe sehr.

Und da die Liebe durch den Magen
zu gehen pflegt, kann man wohl sagen,
daß der, der sich zum Fressen nicht
besonders gern hat, oft erbricht.

Wer sich versöhnt, kann Heilung finden,
er muß sich nur an Jesus binden;
denn dieser sagt: »Ich bin das Brot,
wer mich verzehrt, hat keine Not.« *

* Joh 6,35

Irrtum

Ein Christ, der Reinkarnation
für biblisch hält, der irrt sich schon.
Er muß nicht hundert Tode sterben
und hundert Leben neu erwerben
gemäß dem karmischen Prinzip.
Gott hat ihn lieb.
Der Christ denkt dabei an den Schächer,
an jenen reuigen Verbrecher,
dem Jesus seine Schuld erließ:
»Noch heut' bist du im Paradies!« *

* Lukas 23,43

Letzte Ölung

Ein Christ wünscht erst am Lebensend'
das heil'ge Sterbesakrament.
Doch wie es oft dann so ergeht:
Es ist dann meist schon viel zu spät.
Drum soll er den Gedanken fassen
und sich bei Krankheit salben lassen.*

* Vgl. Jakobusbrief 5,14

Vertrauensverlust

Ein Christ, als Kind noch couragiert,
voll Phantasie und sehr versiert,
darf nicht so sein, wie es sein will.
Mal ist's zu laut, mal ist's zu still.
»Jetzt tu mal endlich deine Pflicht!
Und laß das sein, das tut man nicht!
Was fällt dir ein? Du bleibst jetzt hier!
Was denken denn die Leut' von dir?
Du hast zu tun, was ich dir sage!
Gib Antwort, wenn ich dich 'was frage!
Mach nur so weiter! Du kriegst Prügel.
Ich stutze dir schon deine Flügel.«

Die Angst vor Sympathieverlust
versetzt es nun in Dauer-Frust.
Allmählich wird sein Eigen-Sinn
ersetzt durch fremden und geht hin.
So fällt das Menschlein tief ins Tief
und wird auf Erden depressiv.
Als Or'ginal kam es auf sie
und stirbt am Ende als Kopie.

Freiheit

Ein Christ entpuppt sich hin und wieder
als bürokratisch und sehr bieder.
Er orientiert sich äußerst streng
an Paragraphen und wirkt eng,
und glaubt, es ging ihm an den Kragen,
würde er 'was Neues wagen.
Da ist der Mut zum Eigen-Sinn
und zur Blamage völlig hin.
Zuviel an ihm ist noch vom »Saulus«;
es fehlt die Freiheit eines Paulus.

Konsequenz

Ein Christ hat große Schwierigkeiten,
sich auf die Beicht' vorzubereiten.
Nicht, daß er nicht genügend Sünden
in seinem Leben würde finden!
Nein, nein, es graut ihm nur davor,
zu reden vor 'nem fremden Ohr.
Und außerdem hat er sein Leben
ernsthaft zu ändern aufgegeben.
So weiß schon längst im voraus er
wie's mit ihm ausschaut hinterher.
Es fehlt in letzter Quintessenz
die Demut ihm und Konsequenz.

DANKE!

Klugheit

Ein Christ bedenkt, sein ganzes Streben
hat erst Sinn, wenn Gott ihn liebt.
Also wird er stets so leben,
als wenn's Gott für ihn auch gibt.

Gibt's Gott nicht, ist die Balance
seines Lebens ziemlich hin,
und die Auferstehungschance
sowieso für keinen drin.

Gibt's ihn doch, sind die verloren,
die ihn leugneten mit Spott.
Drum wird der, der klug geboren,
stets so leben, als gäb's Gott.

Der Fischer un sine Fru

Ein Christ mit Namen Ilsebill*
will nicht mehr so, wie Gott es will.
Sie war einstmals im Leben sehr
zufrieden, doch jetzt will sie mehr.

So geht ihr Mann hinaus zur See
und ruft den Butt, den Timpe Te,
und sagt ihm, daß die Ilsebill
schon lang nicht so, wie er es will.
Sie will nun endlich Pfarrer sein.
Die See glänzt hell im Sonnenschein.

Und so geschieht es. Bis die Bürden
des Amtes und die Priesterwürden
nach mehr verlangen als bisher.
So geht ihr Mann nochmals zum Meer:

»Manntje, Manntje, Timpe Te,
komm heraus aus deiner See.
Meine Frau, die Ilsebill,
will nicht so wie ich es will.
Jetzt will sie Bischof sein.«
Die See glänzt grün im Abendschein.

Und so geschieht es. Bis die Bürden
des Amtes und die Bischofswürden
nach mehr verlangen als bisher.
So geht ihr Mann nochmals zum Meer
Und sagt, die Frau will Papst nun sein.

Die See glänzt schwarz im Mondenschein
und fängt auf einmal an zu toben,
und auch der Himmel färbt sich droben.

Der Butt ruft laut auf das Gesuch:
»Schau nach im ersten Königsbuch,
wie Ahabs Frau, die Isebil,
auch nie so wollt' wie Gott es will.
Und geh nach Haus und ford're nie,
was Gott nur schenkt und bet' für sie.«

* Ilsebill, zu deutsch: »Ich ertrage nicht«, hat ihr biblisches Vorbild in Isebel (1 Kö 16,31), die sich und ihren Mann, den König Ahab, in Maßlosigkeiten stürzte und von Gott bestraft wird. Es geht im Gedicht nicht um die Verweigerung geistlicher Ämter, sondern um die Art und Weise, wie sie gefordert und eingeklagt werden.

Vorurteil

Ein Christ erkennt, von Not gedungen,
daß jedes Urteil, das man spricht,
noch vor dem Jüngsten Weltgericht,
ein Vorurteil ist, notgedrungen.

Frustration

Ein Christ, der schon in Kindheitstagen
gezwungen war, stets zu entsagen,
erfährt sehr früh die Frustration.

Und dieser Umstand ohnegleichen
erklärt sein ausgeprägtes Heischen
nach Anerkennung und nach Lohn.

Wer keine Rechte hat, nur Pflichten,
auf seinen Anspruch zu verzichten,
empfindet den Verzicht als Hohn.

Gedanken

Ein Christ stellt mit Erstaunen fest:
die Lebensumständ' kränken nie.
Was sie so schmerzlich werden läßt,
sind die Gedanken über sie.

Lebensfülle

Ein Christ sucht Gott und ist recht froh,
ihn nicht zu finden, denn nur so
kann er sein Leben unempfindlich
gestalten und auch unverbindlich.
Er will ja »etwas« noch vom Leben
haben, und Gott stört ihn eben.
Ihm ist nicht klar, daß Gott die Fülle
des Lebens schenkt, nicht nur die Hülle.
Er hat von Gott 'ne falsche Sicht:
Ein Gott, der geizt, den gibt es nicht!

Irrglaube

Ein Christ, der nichts mehr glauben kann,
glaubt niemals nichts, den irgendwann
glaubt er fast alles. Es genügen
ihm ein paar attraktive Lügen.

Erlöstsein

Ein Christ hat allzuoft gehört
von Schuld und Hölle, was ihn stört.
Er glaubte, seine Christenpflicht
bestünde ständig im Verzicht.
So stutzte er sein Selbstgefühl,
verleugnete sein Wesen kühl;
er machte stets sich selber schlecht
und raubte sich das Lebensrecht.
Sein Christentum war ziemlich schief
und sein Charakter depressiv.
Ihm sei, was Christsein nun betrifft,
ein Wort empfohlen aus der Schrift:
»In aller Demut schaff dir Ehren
und lerne, dich auch mal zu wehren.
Versag der nicht das Glück der Tage;
wer sich nichts gönnt, ist eine Plage.« *
Dies' Mittel hebt ihn aus dem Tief
und macht sein Christsein attraktiv.

* Sir 10,28 und 14,5 ff

Hören

Ein Christ, der hört, was and're sagen,
und Antwort gibt, wenn sie ihn fragen,
erreicht sie über Kopf und Kehle.
Erst, wenn er hört, was sie nicht sagen,
und Antwort gibt, bevor sie fragen,
berührt er deren Herz und Seele.

Sparsam

Ein Christ, der Angst hat vor der Sünde,
hat stets zugleich auch fromme Gründe,
sein Leben sparsam zu gestalten
und an Verbote sich zu halten.
Er wagt sein Leben nicht und neidet
den Sündern das, was er vermeidet.
So lebt er nicht und wird verzehrt
von dem, was er geheim begehrt.

Die Erleuchtung

Ein Christ macht eine Therapie
zwecks ganzheitlicher Harmonie
auf Hinweis eines Inserats
bei einem Guru vierten Grads.
Es ist ein sogenannter Meister,
ich glaube, Machmoneti heißt er.

Der weiht ihn ein und sagt: Vier Schritte
sind nötig bis zu deiner Mitte,
die du erreichst, wenn Yin und Yang
im Lot sind mittels Schalenklang.
Das kostet, meint der große Star,
zweitausend Mark und zwar in bar.
Danach wirst du Qi-Gong und Tantra
erlernen und bekommst dein Mantra.
Ich mache dich zum Geistesheiler,
zum kosmischen Astralverteiler,
sofern du auf mein Konto morgen
achttausend zahlst. Du kannst sie borgen
bei Freunden, wenn du keines hast.
Befreie dich von dieser Last!
Die Zweifel kannst du rasch verhüten
mit ein paar Fläschchen schöner Blüten
von Mister Bach. Die Kosten sind
nicht allzuhoch, glaub mir, mein Kind.

Und bald nach neuerlicher Zahlung
per Scheck, da wuchs die Aura-Strahlung,
und auch die Sucht nach Therapie.
Ein Mann von Scientology
verspricht ihm mehr, wenn er per Test
sich psychologisch klären läßt.

Und so umworben ging er froh
nach Haus und legte sein Tarot.
Die Karten zeigen ihm, wie blank
sein Konto ist auf seiner Bank.
Da kam der Schreck. Dann das Geständnis:
Ich Vollidiot! Dann die Erkenntnis,
die er bezüglich der Verbreitung
bekanntmacht in 'ner großen Zeitung:

»Ich zeig den Weg zur Harmonie,
ab tausend Mark auch Therapie;
erteile Unterricht in Yoga!«
Darunter er in roter Toga
als selbsternannter Großer Meister.
Ich glaube, Swamimoney heißt er.

Weitsicht

Ein Christ meint, nur die Kirche sei
vom Geist erfüllt, und dies wär' bei
den Menschen außerhalb von ihr
nicht möglich. Doch es irrte hier
der fromme Christ, und er erkannte
die Weitsicht und die tolerante
Größe Gottes und wird still.
Der Geist des Herrn weht, wo er will.

Unvermeidlich

Ein Christ, zur Zeit ganz ohne Zeit,
bedauert die Vergänglichkeit
der Zeit, an der er leidet,
und der er das ankreidet,
was ihm g'rad fehlt: die Zeit.

Und während ihn der Umstand quält,
daß ihm die Zeit fast ständig fehlt,
verspürt er Langeweile
in seiner bangen Eile
und Inhaltslosigkeit.

Doch der Gedanke, was er tät
dran ändern, kam ihm viel zu spät.
Er tat das Unvermeidliche
und segnete das Zeitliche.

Ökumene

Ein Christ weiß sich verpflichtet stets
dem Willen Gottes, und da geht's
vor allem um die Liebestat,
egal, welch' Konfession er hat.
Wer sich und seinen Nächsten liebt,
wer Gott allein die Ehre gibt,
wer nach dem Evangelium strebt
und weltumfassend christlich lebt,
ist evangelisch und zugleich
katholisch. So ist Gottes Reich.

Zipfelkonferenz

Ein Christ, an seines Lebens Gipfel,
erkennt, daß jede Religion
nur Teilchen, bestenfalls ein' Zipfel
der Wahrheit hat. Was ist das schon?!
So schlägt er vor zwecks Konvergenz
'ne Wahrheitszipfelkonferenz.

Kirchenunrecht

Ein Christ, sonst fromm und eher schüchtern,
erkennt allmählich klar und nüchtern,
daß Gottes- und daß Kirchenrecht
von Zeit zu Zeit sich äußerst schlecht
vertragen. Das bedrückt ihn sehr.
Der Vatikan, er tut sich schwer
mit froher Botschaft und Versöhnung.
Der Christ erkennt ganz ohne Schönung,
versunken beim Gebet im Dom:
Flensburg ist gnädiger als Rom! *

* Die Flensburger Verkehrssünderkartei löscht nach zwei Jahren die Schuld, Rom nicht.

Bürokrat

Ein Christ, zum Bürokrat erhoben,
sucht Gründe zum Sich-selber-Loben.
Er halst sich zu den alten Pflichten
noch neue auf, die zu entrichten
er stets mit Sorgfalt ist bemüht.
Und da vor Eifer er fast glüht,
weiß er, von Eiferern gestützt,
nicht mehr, wem diese Arbeit nützt.
Doch bleibt am Schluß der Hochgenuß,
sich seinem eigenen Beschluß
gebeugt zu haben ohne Muß.
So bleibt des Bürokraten schwaches
Selbstwertgefühl ein ständig waches.

Diarrhoe

Ein Christ, am Schreibtisch sitzend, fand
ein Buch erst kürzlich, und da stand:
Der Fluch aus eines Menschen Kehle
sei wie ein Stuhlgang für die Seele.
Er schrieb ergänzend auf das Blatt,
daß mancher Mensch gar Durchfall hat.

Endzeit

Ein Christ hört, das Reich Gottes sei
sehr schön und sehnt es sich herbei
im Vater-unser-Bittgebet,
wo »dein Reich komme« wörtlich steht.

Doch als er Lukas einundzwanzig
gelesen und erfuhr, was dann sich
ereignet, wenn's Reich Gottes naht,
verzichtet er auf Gottes Staat.

Lk 21 schildert die Ereignisse vor dem Kommen Jesu: Sonne und Mond verfinstern sich, die Sterne fallen herab...

Dr. Jörg Müller, Jahrgang 1943, ist Priester und Psychotherapeut im bayerischen Freising. Er hat bereits zahlreiche Erfolgstitel verfasst. Illustriert (von Florian Huber) sind auch *»Don Camillo spricht mit Jesus«* und die farbigen, großen Kinder-Bilderbücher *»Don Camillo, Jesus und der kleine Pedro«* sowie *»Pedro und sein Freund Ali«*.

Weiter lieferbar sind die beiden ersten Bände dieser Reihe *»Ein Christ«* - *»Noch ein Christ«* ... sowie Jörg Müllers vierter Gedichtband:

Und immer noch ... ein Christ

wieder mit Cartoons von Klaus G. Müller
(48 Seiten, kartoniert)

Ein Christ - so nennt er sich, der ist
ein eingeschworener Rassist.
Er meint, und darin ist er blind,
daß alle Weißen Götter sind.
Da stirbt er plötzlich, und er steigt
zum Himmel auf, wo Gott sich zeigt.
Doch da wird sein Gesicht noch grauer;
denn Gott ist schwarz und ziemlich sauer.

Weitere Erfolgstitel von Jörg Müller:

Höre, was ich nicht sage

Die Aufdeckung unserer verschlüsselten Verhaltensweisen *(130 Seiten, kartoniert)*

Verschlüsselungen verursachen Konflikte. Wir sagen nicht, was wir denken, und wir tun nicht, was wir sagen. Aus Angst vor Ablehnung maskieren wir unsere wahren Empfindungen, was zu Fehlleistungen, charakterlichen Verformungen und verräterischen Verhaltensweisen führt.
Das Buch verhilft zu besserer Einsicht in die Hintergründe menschlicher Nöte und zu versöhnlicherem Umgang miteinander.

Verrückt - Ein Christ hat Humor

16 Kapitel gegen Mutlosigkeit *(144 S., kart.)*

Mit Humor betrachtet, sehen viele Probleme anders aus; denn er ist gegen alle Logik verrückt genug, nie die Hoffnung aufzugeben.
Jörg Müller schildert Situationen wie Stress, Angst, Eifersucht, Trauer und Einsamkeit. Mit ernsten und heiteren Texten, Gebeten und Anti-Gebeten, Versen und Geschichten vermittelt er ein befreiendes Gottesbild, das es ermöglicht, eigenes Versagen ebenso wie die Schwächen anderer nachsichtig zu ertragen.